AF247975

LIGUE

ENTRE

RÉPUBLICAINS & CATHOLIQUES

CONTRE

LES RÉVOLUTIONNAIRES

Les perturbateurs se cachent dans des antres.

(GAMBETTA *aux Bellevillois,* *en 1881.*)

La lumière dans les antres, la lumière, la lumière !!

(*Avertissements des papes*).

PRIX : 75 CENTIMES

PARIS

LIBRAIRIE DE L'ŒUVRE DE SAINT-PAUL

51, RUE DE LILLE

1881

LIGUE

ENTRE

RÉPUBLICAINS & CATHOLIQUES

CONTRE

LES RÉVOLUTIONNAIRES

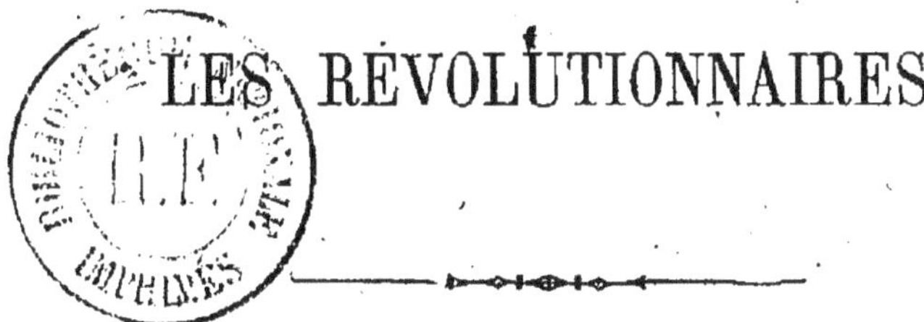

> Les perturbateurs se cachent dans des antres.
>
> (GAMBETTA *aux Bellevillois, en 1881.*)
>
> La lumière dans les antres, la lumière, la lumière ! !
>
> (*Avertissements des papes*).

PRIX : 75 CENTIMES

PARIS

LIBRAIRIE DE L'ŒUVRE DE SAINT-PAUL

51, RUE DE LILLE

1881

PRÉFACE

Anne, ma sœur Anne, ne vois-tu rien venir? En entendant les récits dont on a bercé notre jeune âge, nous avons frémi à ce cri d'effroi d'une femme sous la menace d'un fer meurtrier.

Ne vois-tu rien venir? Tel est aujourd'hui le cri de la France opprimée. Les sectaires lui ravissent ses enfants pour lui imposer un enseignement obligatoire qui est l'opposé de toutes ses traditions et de tous ses instincts. Les sectaires chassent les religieux des écoles; les sectaires chassent les religieuses des hôpitaux; les sectaires chassent les aumôniers de l'armée. Les sectaires font rentrer triomphalement les incendiaires ou les assassins; ils désarment les magistrats par les conflits, ils leur enlèvent l'indépendance avec l'inamovibilité.

Ne vois-tu rien venir? s'écrie la France.

Et les chefs politiques lui répondent en renonçant même souvent à la lutte électorale !

On a dit des hommes du pouvoir qu'ils ont manqué d'énergie: Soyons justes; aucun homme en particulier n'a puissance suffisante pour modifier une situation générale ; il la subit. Ce qui modifie une situation générale, c'est tout le monde, c'est le suffrage universel. C'est au suffrage universel que nous adressons les paroles de cet écrit. Nous comptons fermement que ces paroles trouveront de l'écho.

Les catholiques portent un *labarum* sur lequel Dieu a écrit *hoc signo vinces*. Ayons confiance.

ÉLECTIONS LÉGISLATIVES

DE LA 3ᵉ CIRCONSCRIPTION

DE

L'ARRONDISSEMENT DE VERSAILLES

COMPRENANT LES CANTONS

Sud et Ouest de Versailles, Marly-le-Roi et Palaiseau

Chers concitoyens,

En qualité d'électeur de Palaiseau, j'ai reçu une circulaire de M. Rameau, par laquelle il nous demandait nos suffrages pour l'élection du 21 août 1881.

Aucun concurrent ne m'a envoyé de circulaire. Je suis allé le 16 août à Versailles pour me mettre en rapport avec les personnes qui, dans une précédente élection, s'étaient réunies en comité électoral : je désirais savoir si quelque concurrent se présentait contre le candidat révolutionnaire. J'ai appris que plusieurs des membres de l'ancien comité étaient en villégiature, et j'ai su de la bouche des autres que tout le monde, découragé de l'insuccès de la dernière lutte électorale, se refuse à une lutte nouvelle. Ainsi, les électeurs de la 3° circonscription se sont livrés à la merci des révolutionnaires. Je me suis retiré, navré de tristesse.

Si le comité électoral s'était préparé à l'avance à la présente éventualité, s'il avait été en mesure d'offrir de décharger son candidat des frais de publicité de l'élection, et s'il n'avait pas cessé de se réunir avant l'élection, vraisemblablement la 3e circonscription aurait pu entrer en lutte. Avant d'entrer dans le détail des moyens de prévoyance qui me semblent possibles pour ce besoin prévu, et de montrer les sacrifices nécessaires pour réaliser ces moyens, je vais exposer combien est grande l'humiliation que nous subissons. J'emprunte exclusivement à la circulaire de l'unique candidat les faits sur lesquels je base les motifs que nous avions de lui opposer un concurrent.

Voici les aveux de M. Rameau :

M. Rameau avoue qu'il a contribué à invalider de nombreuses élections de députés ; ces invalidations ont été de flagrantes violations des droits des électeurs ; ce sont là des attentats contre le suffrage universel ; ce suffrage est le principe fondamental de notre gouvernement : M. Rameau a donc sapé la République par sa base.

M. Rameau avoue qu'il a voté l'amnistie des insurgés de 1871. Ces insurgés sont des incendiaires et des meurtriers. M. Rameau a eu pour but de trouver dans ces misérables des souteneurs de son élection, et il s'est ménagé en eux des protecteurs pour le cas de nouvelles proscriptions ; M. Rameau a donc fait preuve d'une honteuse ambition et de lâcheté.

M. Rameau avoue qu'il a voté la suppression des aumôniers militaires. Il a refusé par là aux soldats appelés à braver les dangers de la guerre le secours des encouragements divins. Il a refusé aux braves qui vont succomber, la consolation de la religion dans laquelle leurs familles les ont élevés. Ainsi, pour nos enfants, pour les défenseurs de la patrie, combien M. Rameau est d'une impitoyable cruauté !

M. Rameau avoue qu'il a voté pour abolir le

repos du dimanche. Les ouvriers épuisés par le travail de la semaine seront désormais livrés à l'avidité de quelques tâcherons ou de quelques fabricants ; ils seront privés de la protection légale ; ils seront poussés à la débauche du lundi ; ils se verront interdire tout enseignement religieux ; ils seront de père en fils condamnés à l'abrutissement.

M. Rameau avoue qu'il a voté pour que les jésuites soient dispersés, et qu'ils soient soumis à l'interdiction de l'enseignement. Il détruit les établissements d'instruction qui sont des écoles de respect très appréciées par les élèves et par les familles, dans lesquels les chaires d'enseignement obtiennent des succès qui en démontrent la supériorité. M. Rameau a ameuté la multitude contre les religieux, comme faisaient les Juifs contre Jésus-Christ crucifié sur le Calvaire.

M. Rameau avoue qu'il a voté le développement insensé donné aux travaux publics, développement qui empêche le trésor public de se libérer de ses immenses charges, qui lui en impose de nouvelles, et qui oppose des difficultés presque insurmontables au développement des moyens de défense de notre patrie contre les ennemis du dehors.

M. Rameau avoue qu'il a réclamé la suppression de l'inamovibilité de la magistrature. Cette garantie est le rempart de nos honorables juges contre toute pression tyrannique. M. Rameau fait cause commune avec la meute des repris de justice, avec le rebut de la société.

M. Rameau possède, dit-on, quelques qualités privées, cela est possible ; mais pour obtenir vos suffrages, il ne s'agit pas du particulier, mais de l'homme public. Suivant ses propres aveux on peut conclure qu'il a été, par sa faiblesse de caractère, un des députés les plus malfaisants.

On sait que la civilisation est en butte aux attaques des sociétés secrètes ; que les membres de ces sociétés trouvent dans l'ombre la sécurité de tramer leurs projets destructeurs, et qu'à l'aide du secret, ils obtiennent l'impunité de leurs crimes. Ces complices n'ont en vue aucune institution déterminée ; ils ne veulent que détruire. Chez eux, une faction pousse une enchère de proscription au-dessus de l'enchère d'une précédente faction : les Girondins sont suivis de Danton, et Danton de Robespierre. M. Rameau a tou-

jours servi les révolutionnaires ; il est une de
leurs âmes damnées. Sa faiblesse de caractère
peut le laisser aller aux derniers excès. Voilà,
mes chers concitoyens, l'homme qui s'est offert
de devenir votre représentant et à qui vous
n'avez opposé aucun concurrent. C'est une humiliation dont notre circonscription doit à tout
prix prévenir le renouvellement.

Le moyen d'empêcher que ce malheur public
se renouvelle, c'est de nous préparer, dès aujourd'hui aux luttes de l'avenir ; c'est de rassem-
bler à l'avance, pour les besoins de la publicité,
de suffisantes ressources en argent ; c'est de re-
cueillir des renseignements sur nos adversaires ;
ce sera, pendant la période électorale, de rester
en permanence jusqu'à la fin.

Quelques personnes trouvent les compensa-
tions suivantes à la fâcheuse position créée par
l'absence de concurrent au candidat révolutionnaire : d'une part un nouvel échec des conservateurs aurait constaté leur faiblesse, mieux que le
défaut de lutte. Et d'autre part, dans l'Assemblée
législative, la réduction du nombre des défenseurs des traditions mettra aux prises les factions
républicaines entre elles, suscitera leurs mu-

tuelles accusations, amènera leurs excès, et éclairera ainsi les masses. Mais s'il était possible de fortifier les conservateurs de la circonscription à l'aide d'une coalition, et d'affaiblir leurs adversaires, cela serait préférable à dissimuler leur faiblesse. D'autre part, s'il était possible, dans l'Assemblée, par une semblable tactique, de supplanter la majorité révolutionnaire, ce serait plus profitable que de subir les excès de cette majorité pour donner un enseignement à l'opinion publique, si facilement oublieuse. Voilà les possibilités sur lesquelles il importe de nous éclairer : tel est le but de cette seconde partie.

La matière électorale que nous avons à étudier se compose ainsi qu'il suit :

Révolutionnaires sectaires ;
Républicains non sectaires ;
Monarchistes parlementaires ;
Légitimistes ;
Bonapartistes ;
Catholiques de tous les partis.

Cette étude sera une analyse qualificative des

éléments, analyse présentant leurs affinités et leurs antipathies ; caractères qui déterminent les groupements des partis, c'est-à-dire la formation des majorités.

Or, on possède sur ces divers éléments électoraux des données incontestables, à l'aide desquelles on peut reconnaître qu'il n'est pas impossible de dissoudre certains groupements actuels, et qu'on a quelques chances d'en former de nouveaux ; moyennant quoi on tirerait du suffrage universel lui-même une majorité nouvelle grâce à laquelle notre malfaisant régime prendrait fin. L'étude des éléments électoraux offre donc une importance majeure.

Les démagogues ne se bornent pas à improviser des mensonges, à parler de dangers imaginaires et autres surprises de la dernière heure ; au besoin, ils trament longuement leurs calomnies. C'est ainsi qu'ils avaient préparé pendant plusieurs années le meurtre de Louis XVI, celui de la reine et celui du Dauphin ; ils avaient empoisonné l'opinion publique par leurs calomnies contre ces victimes de la plus grande pureté. Pour nous défendre contre les démagogues, soyons aussi prévoyants qu'eux, étudions la matière électorale, afin de la diriger autant que possible dans la voie du bien.

Révolutionnaires sectaires. Personne n'ignore que leurs coryphées appartiennent aux sociétés secrètes ; on demanderait en vain leurs tendances à un vulgaire franc-maçon ; il s'abstiendrait sans doute de répondre, à cause du secret auquel il s'est engagé ; en outre, il s'imaginerait comme beaucoup d'autres, qu'il ne fait partie que d'une simple société de secours mutuels ; ce qui n'exige de sa part qu'un faible sacrifice d'argent, et ce qui lui vaut des appuis importants. On sait que le vulgaire des associés forme l'étage inférieur de l'institution ; que les associés d'un étage au-dessus gardent le secret vis-à-vis du vulgaire ; qu'au-dessus de cet étage est un autre qui garde vis-à-vis de lui aussi le secret ; qu'il existe ainsi un échafaudage d'étages, et que chacun d'eux se cache à l'égard des autres. Heureusement on a publié des instructions authentiques des dignitaires de la société, ainsi que des dossiers judiciaires dans lesquels on trouve les enseignements les plus précieux au milieu d'un fatras de langage allégorique et de cérémonies pué-

riles. A l'aide de ces données on a pu dévoiler
d'une manière irrécusable les tendances crimi-
nelles des sociétés secrètes (1). On y voit à découvert que ces sociétés ont pour but d'extirper
de l'humanité la religion, les institutions tradi-
tionnelles, le patriotisme, l'esprit de famille,
les bonnes mœurs, et surtout la loyauté. Ces
sociétés prônent les théories les plus révol-
tantes de d'Holbach, d'Helvetius et de Voltaire,
et elles s'efforcent de les mettre en pratique.
Le crédit des révolutionnaires a pour rempart
la dissimulation. Notre tactique pour ruiner ce
crédit, c'est d'exposer au grand jour les véri-
tables tendances de leurs adeptes, c'est d'accoler
les infâmes principes de la franc-maçonnerie aux
noms des candidats révolutionnaires et aux
noms de leurs meneurs d'élection ; de signaler
ces hommes comme les complices responsables
de ces tendances coupables ; c'est de les dénoncer
comme les apologistes des crimes passés, très
communs aux époques de révolutions, crimes

---

(1) N. DESCHAMPS. *Les Sociétés secrètes et la Société ou
philosophie de l'histoire contemporaine*. 4ᵉ édition. Paris, chez
Oudin frères, 51, rue Bonaparte. On recommande la lecture de
cet ouvrage aux hommes sérieux de tous les partis.

tramés dans l'ombre, et qui ont obtenu souvent l'impunité par la connivence des autorités préposées à leur répression ; c'est, au moyen d'une publicité impitoyable, de clouer ces hommes au pilori de l'opinion publique, comme nous venons de le faire au révolutionnaire Rameau. Alors, l'horreur qu'inspirera la profanation dévoilée et prouvée de tout ce qui a droit au respect, fera le vide autour d'eux, vide prélude de leur chute.

Les révolutionnaires possèdent aujourd'hui le pouvoir : ils le doivent à ce qu'ils se sont présentés comme les sauveteurs ayant le monopole de protéger la République en danger, et, en vertu de cette qualité, ils ont été pourvus de la puissance publique. Notre tactique est d'éloigner tout danger du gouvernement républicain, et de dépouiller les sectaires du prestige de sauveteurs.

Les révolutionnaires sectaires ont des auxiliaires de deux natures, les républicains non sectaires, qui sont les docteurs en politique, dont nous parlerons ci-après, et les mécontents de tous les régimes, qui sont leurs hommes d'exécution. L'influence à exercer sur ces derniers ressort du fait suivant :

C'était en 1848, au moment de la plus grande effervescence des esprits dans Paris ; le propriétaire exploitant d'une des principales tanneries du faubourg Saint-Marceau fit appeler chacun de ses nombreux ouvriers l'un après l'autre. Il leur déclara qu'ils avaient à opter entre la conservation de leur emploi dans sa maison, et leur affiliation dans les sociétés d'ouvriers. Cette hardie décision avait paru à l'autorité d'alors propre à soulever de graves désordres. Or, il n'en fut rien ; les ouvriers promirent individuellement de rompre leur affiliation ; ils tinrent parole.

Ce court épisode d'une de nos grandes convulsions politiques contient en effet tous les éléments de la difficulté désignée sous le nom de question sociale, c'est-à-dire, d'une part, un homme qui, à l'aide de capitaux séculairement conservés dans sa famille, fournit le pain quotidien à des hommes que leur imprévoyance fait vivre au jour le jour : ce bourgeois notifie à ses salariés de ne plus recruter ses ennemis, sous peine de leur retirer le pain quotidien ; naturellement, les imprévoyants ont cédé au prévoyant, en abandonnant les démagogues qui se jouaient de leur liberté et de leur existence.

Que quelques membres seulement de la ligue imitent le courageux exemple de ce simple bourgeois : ils exerceront déjà directement une notable influence sur les élections. Supposons maintenant que ces hommes de résolution forment des groupes, il arrivera que si un Président de la République est jaloux de cesser le rôle d'agent de sectaires ambitieux et extravagants, il trouvera dans ces groupes un point de résistance contre ces audacieux, et bientôt le moment sera venu pour lui de se sentir assez fort pour faire exécuter la loi qui interdit d'exciter la haine des citoyens les uns contre les autres. Le propre des démagogues est, de tout temps, d'exciter cette haine ; et celui qui a dit : « Le clergé, voilà l'ennemi ! » est, par cela seul, passible de la police correctionnelle entre deux gendarmes. L'armée est toujours jalouse de prêter main-forte à une autorité tutélaire ; le démagogue, dans cette piteuse position, perdra tout prestige. Le moment sera venu de tenter par une élection d'obtenir dans les assemblées législatives une majorité réparatrice.

Le premier service à réclamer de cette nouvelle majorité sera d'abolir le secret des votes

2

des électeurs; et, moyennant le vote à découvert, les autorités sociales pourront exercer une salutaire prépondérance.

La démocratie aura cessé d'exister, et la République sera dirigée par l'aristocratie, c'est-à-dire par la partie de la nation, saine, prévoyante et dévouée.

Républicains non sectaires. Ce sont eux qui donnent leurs votes aux sectaires; ils leur apportent l'appoint qui forme la majorité. Mais ils ne disposent pas de cette majorité en faveur de leurs idées. Bien que jusqu'ici ils n'aient joui que rarement de quelque crédit, c'est pourtant sur eux que nous fondons l'espoir de créer une majorité nouvelle.

Nous ne sommes pas républicains de la veille; nous n'oublions pas que la République, en France, a été imposée pour détruire la religion et les institutions fondamentales. Nous ne voyons dans la république qu'une transaction de partis opposés les uns aux autres : c'est une organisation de la défiance; tandis qu'un gouvernement traditionnel vit de l'appui que les classes sociales se prêtent les unes aux autres, c'est l'organisation de la confiance. Nous croyons que, pour conduire les peuples, le principe de la confiance est bien supérieur au principe de la défiance; mais nous reconnaissons que la lutte contre la république est faite dans des conditions tellement inégales qu'on ne peut y persévérer; et, comme bien des populations ont été prospères et fortes en république, qu'en France beaucoup de braves gens sont républicains, et n'ont donné leur adhésion aux sectaires que parce qu'ils les regardaient exclusivement comme les sauveteurs de la république; nous espérons que, lorsque ces braves gens verront un appoint très considérable de catholiques donner au gouvernement de leur prédilection une stabilité suffisante, ils abandonneront les sectaires, et que ceux-ci, affaiblis, seront renversés du pouvoir par le suffrage universel lui-même.

La coalition entre les catholiques et les honnêtes républicains est, pour l'avenir de la chrétienté tout entière, d'une importance capitale; elle doit être franche et d'une parfaite loyauté. Aussi proposons-nous aux catholiques de voter pour les candidats républicains non sectaires, s'il s'en présente. S'il ne s'en présente pas, les candidats catholiques devront solennellement s'engager à garder envers la république une scrupuleuse fidélité pendant toute la durée de leur mandat, et promettre que dans le cas où, avant l'expiration de ce mandat, cette fidélité leur paraîtrait contraire à l'intérêt public, ils mettraient fin à ce mandat en se démettant de la députation.

Les républicains non sectaires ont été de tout temps joués par les sectaires et déshonorés par eux; ils ont toujours eu la douleur de voir les hommes du gouvernement de leur prédilection chassés comme des malfaiteurs. Au contraire, par leur alliance avec les catholiques, ils conféreront à l'autorité républicaine une honorabilité qu'on n'a jamais connue, et ils donneront à cette forme de gouvernement une stabilité inespérée.

Légitimistes. Jusqu'à présent, les légitimistes ont été l'obstacle qui a empêché les républicains estimables d'avoir dans l'avenir de la république assez de confiance pour se détacher des sectaires. Espérons qu'il n'en sera pas toujours ainsi.

Remarquons d'abord que la dénomination de légitimiste, c'est-à-dire de mainteneur du droit, est, pour eux, injustifiable. Le droit de commandement, pour un prince, est corrélatif avec l'obligation de protéger les sujets. Pour les dynasties, leur droit à régner est soumis, comme tous les droits sans exception, à la loi universelle de la prescription. Pour les princes déchus, la limite de la prescription ne va pas au-delà du temps suffisant pour constater leur impuissance à protéger leurs anciens sujets. La qualification de légitimiste n'est pas seulement une usurpation de ceux qui se l'arrogent. Elle implique, en outre, un blâme injuste contre les citoyens qui s'efforcent, après une révolution, de sortir de l'anarchie. Ce faux titre est un obstacle à une entente générale contre les révolutionnaires. Les légitimistes croient à tort que le rétablissement de l'autel ne peut se faire qu'à l'abri d'un trône, tandis que le trône n'a la chance d'être relevé qu'après le rétablissement de l'autel. Les légitimistes, par des manifestations inutiles comme des banquets et des cérémonies religieuses, sont la cause que parfois une partie de l'élite de nos écoles est gravement arrêtée dans sa carrière, et que des officiers d'un grand mérite ont été exclus de l'armée territoriale.

En un mot, les légitimistes dissipent puérile-
ment les avantages de leur position sociale éle-
vée, et resserrent les liens entre les bons républicains et les sectaires ; c'est ainsi que les per-
sécuteurs sont maintenus au pouvoir, tandis
que, s'ils étaient isolés, ils en seraient précipités.
Le paradoxe de la légitimité a donc les plus
fâcheuses conséquences, et doit être combattu
avec rigueur ; il importe d'en détruire le crédit
usurpé.

Nous venons d'envisager la légitimité au point
de vue du droit naturel. Un de nos amis, M. le
commandant Delagrange, capitaine de frégate,
étudiant les œuvres théologiques de saint Tho-
mas d'Aquin et de Suarez, y a vu qu'en cas de
disparution du pouvoir, les peuples sont en droit
de choisir la forme de leur gouvernement. Nous
nous en tenons, sur ce point important, à son
témoignage.

Nous avons communiqué ce qui précède à une
personne versée dans les œuvres catholiques.
Cette personne nous concède les fautes commises
par les légitimistes influents; mais, attendu que
les légitimistes ont toujours été la ressource prin-
cipale des œuvres conservatrices, elle n'a pas

entendu sans un profond regret la négation du principe de la légitimité : elle redoute de voir s'éloigner de nous des hommes dont le groupement a déjà été si utile.

Nous regarderions comme déplorable un pareil résultat ; mais les fautes commises sont incontestables, et d'une gravité prépondérante ; elles ne sont pas une inconséquence, mais elles sont la conséquence forcée du principe de la légitimité ; elles font la force des sectaires. Le présent écrit perdrait sa raison d'être, si nous omettions de signaler, en même temps que les fautes commises, le principe qui les a fait naître.

Nous avons espérance que notre sincérité nous sera un titre à l'indulgence des légitimistes, et que la rudesse de notre logique trouvera grâce devant eux eu égard à son utilité.

Loin de moi l'intention d'une critique oiseuse des légitimistes, je cherche simplement la voie avec eux.

On a imaginé que les Français sont passionnés pour l'égalité ; c'est une fausse appréciation ; en France comme ailleurs, une aristocratie utile est respectée et appréciée, tandis qu'une aristocratie sans objet ou nuisible est tenue pour odieuse. L'histoire en fait connaître de l'une ou l'autre sorte. Quand les successeurs de Charlemagne ont succombé sous leur charge, que ni les biens, ni les personnes n'échappaient à l'anarchie, les faibles obtenaient des forts avec gratitude l'échange de la protection contre les charges de la vassalité. Le plus important des seigneurs reçut en récompense de ses services la souveraineté. — Lorsque le roi fut assez fort, il prévint les suites des rivalités des possesseurs de châteaux entre eux. — Plus tard, lorsque des bandes anglaises envahirent la France, la noblesse, à l'exemple de Duguesclin, conduisit nos défenseurs contre ces bandes. — Plus tard ensuite cette noblesse se sacrifia à Azincourt en repoussant l'infanterie des Anglais. — Plus tard encore, elle fut soudoyée par Charles VII, en ayant Jeanne d'Arc pour guide, elle reconquit la France. — Ici s'arrêta la phase glorieuse de la noblesse, bientôt sous prétexte de réforme religieuse elle se jeta sur les biens du clergé comme sur une curée et elle ensanglanta le pays. Sous les règnes suivants, la noblesse expia ce méfait, elle fut réduite à la domesticité dans la cour de Louis XIV, étalant l'adultère et dans la cour de

Louis XV avouant la débauche. Puis la noblesse s'affilia follement aux conciliabules de la secte pseudo-philosophique ; clubs embryonnaires du jacobinisme de 1793, et des communards de 1871 ; les nobles furent traqués comme des bêtes fauves, dépouillés, chassés de leur pays ou tués. Voilà les phases de grandeur et de décadence, de l'aristocratie en France, celles de la popularité et d'impopularité. En résumé, l'aristocratie a existé en tout temps et chez tous les peuples ; elle a été tantôt bienfaisante, tantôt malfaisante, elle est entre les individus et l'Etat un intermédiaire d'autant plus nécessaire que l'Etat est plus grand.

Cet intermédiaire est à utiliser dans l'intérêt général. L'aristocratie, aujourd'hui, a la mission de rétablir la paix sociale profondément troublée.

Les besoins du peuple sont : 1° le pain quotidien ; 2° la parole de Dieu, l'aristocratie nouvelle s'efforce d'y satisfaire par des voies différentes.

D'une part, on apprend dans les séances de la Société d'économie sociale que certaines administrations bienveillantes transforment des prolétaires en rentiers ; ce n'est là qu'une partie de la solution, car de bien gros rentiers qui doivent à la société leur grande fortune, tels que les sieurs Raspail et Menier, sont loin de se montrer reconnaissants envers elle de ses bienfaits; ils y suscitent les passions les plus dangereuses.

D'autre part, des sociétés de bienfaisance fondent des écoles d'instruction de tous les degrés, des patronages et des cercles d'ouvriers, d'où la parole de Dieu se répand. Malheureusement, parmi ces admirables institutions les unes abandonnent la jeunesse avant sa maturité, les autres sont dans des conditions d'instabilité qui rendent leur existence presque miraculeuse, mais elles ne suffisent pas, faute d'argent, pour la propagande sur une large échelle.

Enfin, les établissements comme celui du Val-des-Bois donnent à la fois le pain quotidien et la parole de Dieu. Ce ne sont encore que des exceptions, mais ces exceptions sont l'embryon de l'avenir.

Cet aperçu trace la voie d'une nouvelle aristocratie.

Les institutions économiques qui tendent à élever les prolétaires à la bourgeoisie sont à généraliser et à appliquer à la classe très nombreuse des serviteurs, domestiques et des fermiers ; elles sont à soustraire, dans leur direction, aux influences politiques néfastes ; elles doivent faciliter la préservation de la partie saine de la population contre les contacts de la partie dévoyée de la population. Elles pourrónt unir ainsi le bienfait du pain quotidien et la conservation du bienfait de la parole de Dieu.

Voilà la noble carrière à parcourir pour mériter l'aristocratie nouvelle.

Si Monseigneur le comte de Chambord cessait de se considérer comme spolié, s'il venait à Paris, non comme hostile aux républicains mais comme leur émule, il y trouverait les innombrables hommages des familles qui gardent le respect et le dévouement auxquels lui donnent droit les services rendus par ses aïeux et ses qualités personnelles.

Il pourrait s'initier aux institutions qui transforment des prolétaires en bourgeois et en étendre l'application. Il pourrait participer de sa personne et de sa bourse aux écoles, aux patronages, aux cercles d'ouvriers qui répandent la parole de Dieu. Il pourrait surtout s'associer aux établissements qui satisfont à la fois les besoins matériels et les besoins moraux de la population, et qui préparent la paix sociale.

On dit que le prince a coutume de rendre aux familles les héritages qu'on lui donne ; il pourrait employer au préalable dans ces établissements les capitaux à sa disposition avant de les rendre.

Il pourrait ainsi dans une sphère privée continuer les réformes de Louis XVI, atteindre le but de l'administration de Henri IV : la poule au pot tous les dimanches ; renouveler l'apostolat de saint Louis.

Au lieu de recevoir comme Hugues Capet la souveraineté des mains des plus puissants seigneurs, ce serait lui qui donnerait l'investiture à l'aristocratie nouvelle.

Le monde entier est en ce moment tyrannisé par les sociétés secrètes, le prince en centralisant l'action de l'aristocratie, substituerait l'action de l'aristocratie à celle des sociétés secrètes.

Une action collective de l'aristocratie pouvant se continuer après la disparution du prince, les jeunes sectateurs des doctrines des Ravaillac, des Louvel, des Fieschi, des Orsini et des Raoul-Rigault, ou des nihilistes, ne trouveraient intérêt à se débarrasser de sa personne par un nouveau meurtre. Ainsi la rentrée du prétendant dans le rang des simples citoyens ajouterait à sa sécurité.

En outre, sans être exposé à la responsabilité et aux tourments qui sont inhérents à l'exercice du pouvoir, le prince pourrait enrayer le char révolutionnaire.

Nous avons à examiner le point de vue pratique de la soi-disant légitimité.

L'expérience des plus récents scrutins électoraux démontre que malgré l'absence de liberté, d'honorabilité et de prestige de nos gouvernants actuels, les électeurs du suffrage universel se rattachent de plus en plus à la République. En effet, la prospérité matérielle du pays est satisfaisante. — Le grand nombre ayant ratifié ce régime, ajoute aux avantages de cette situation matérielle, la stabilité. — La capacité électorale de tous est favorable à l'égalité d'influence des différentes classes, si cette égalité n'est pas un bien, elle offre au moins une apparence de justice répartitive. — La classe inférieure n'a pas de motifs de se priver de sa petite part d'influence locale. — Ainsi, ni l'intérêt général, ni les intérêts privés ne font prévoir un revirement politique. — Les candidats des pouvoirs déchus sont le plus souvent l'objet d'accusations injustes d'intolérance religieuse, de menaces de guerre, de projets d'impôts nouveaux ; et, de ces calomnies, il reste toujours quelque chose. Le peuple, qui craint les bouleversements, se regarde comme conservateur, vis-à-vis les prétendants déchus et il les considère comme une nouvelle espèce de révolutionnaires. — Les légitimistes possèdent donc de bien faibles chances de succès.

Monarchistes parlementaires. Ce que nous venons de dire du peu de valeur pratique des légitimistes s'applique aux monarchistes parlementaires. Leurs chefs, d'ailleurs, ont abdiqué leurs prétentions.

Les monarchistes parlementaires ont éprouvé la déception de glisser sans le vouloir dans la République et d'y entraîner violemment la nation. En entrant dans la République de propos délibéré et avec le concours des catholiques, ils conserveront plus de dignité.

Bonapartistes. Ce que nous avons dit du peu de valeur pratique des légitimistes, s'applique aux bonapartistes. Le prince devenu, par suite de décès, leur nouveau chef, a perdu toute importance.

En faisant de l'impérialisme une question dynastique, on fait erreur, car en dehors des questions de dynastie et de personne, il y a la question d'un pouvoir autoritaire qui, pour nous sauver des attentats de sectaires sans foi ni loi, ne craint pas de donner une entorse à des constitutions déjà boiteuses. A nos yeux les deux empereurs ont, à 50 ans de distance, rendu de grands services au pays, et ils ne sont tombés que pour avoir quitté cette voie.

Mais la prise de possession d'un pouvoir autoritaire ne sera que plus ferme, si grâce aux catholiques, elle se fait sans violer la légalité, et si elle échappe ainsi à la critique morose des pédants docteurs en politique, critique très acerbe et très dangereuse.

Catholiques. Quelques personnes penseront que la qualité de catholique ne conférera au candidat qui la prendra, qu'un crédit médiocre ; que les catholiques perdent chaque jour la foi, et qu'avec la foi ils perdent la confiance publique. Nous sommes d'un avis différent.

En ce moment, la persécution s'appesantit sur tous les conservateurs ; les catholiques y sont le plus en but. Malgré cet obstacle, les catholiques étendent encore leurs missions à l'intérieur et jusque dans les contrées lointaines ; ils multiplient les œuvres de charité par les conférences de Saint-Vincent-de-Paul et autres œuvres ; ils restaurent leurs vieilles églises et ils en élèvent de magnifiques ; ils couvrent de leurs pèlerinages l'Europe entière ; ils préservent la génération future par des patronages, par des écoles d'instruction primaire, par des écoles d'instruction secondaire et par des écoles d'instruction supérieure ; dans ce but ils fournissent promptement des millions. En présence de la persécution, tous les partis politiques s'affaissent ; ils ne trouvent pas même de concurrents à opposer aux candidats révolutionnaires. Les catholiques seuls restent debout. Un célèbre libre-penseur, Littré,

leur envoyait récemment son tribut pour une de
leurs œuvres ; les protestants, dans presque
toutes les quêtes, leur paient aussi leur tribut ;
les israélites en font autant. Les catholiques sont
donc, d'ores et déjà, les chefs de la défense sociale ; et, plus la nécessité de cette défense se fera
sentir dans le monde, plus l'affluence sera
grande sous leur étendard. Déjà beaucoup de
schismes ont disparu du sein de l'Eglise ; bientôt
viendront du dehors d'innombrables conversions.
Par l'histoire, nous savons que les évêques d'au-
trefois ont formé la France ; d'après les
symptômes, dont nous sommes les témoins, nous
pouvons espérer que ce seront les évêques
d'aujourd'hui qui sauveront la France.

Une partie de la presse catholique et malheureusement la plus influente s'est inféodée aux
légitimistes, elle a épousé leurs rancunes. Quelque justifiables que soient les rancunes des partis
vaincus par la Révolution, elles ne donnent lieu
qu'à des lamentations qui portent avec elles l'en-
nui et le découragement.

Voici un curieux détail sur cette inféoda-
tion. Il y a quelque mois, un article destiné
à être publié, faisant ressortir l'utilité de re-

connaître que les intérêts religieux ou les inté
rêts politiques peuvent être poursuivis indépen-
damment les uns des autres, fut présenté aux
journaux religieux ; l'insertion demandée fut
refusée. La même demande fut faite à plusieurs
revues religieuses, et repoussée. La même présen-
tation eut lieu à l'assemblée générale des catholiques, avec demande d'en faire lecture à un des
comités intérieurs ; cette lecture fut refusée.

Nous tenons à constater, à titre de donnée
historique, qu'il existe entre les contre-révolu-
tionnaires une déplorable scission qui les pousse
à mettre sous le boisseau une thèse non-seule-
ment recommandée par les autorités de l'Eglise,
mais encore pratiquée par ces autorités.

Le motif de ces refus de publicité, d'après
quelques aveux, est que les adhérents de ces
journaux, de ces revues et de cette assemblée
sont en grande partie légitimistes ; que la crainte
de leur déplaire et, par suite, de voir diminuer
les recettes qui alimentent ces entreprises, est la
cause de ces refus. Cette crainte est mal fondée,
nous en avons la ferme conviction. C'est chez
les légistimistes, plus que dans toute autre
classe, qu'on trouve les traditions de notre an-

cienne noblesse, les sacrifices de leur sang et de leur fortune. Quand la nécessité d'une coalition nouvelle leur sera clairement démontrée, nous attendons d'eux l'élan et le dévouement qui ne leur ont jamais fait défaut pour le bien public.

La presse catholique a une autre voie à parcourir. Déjà, au commencement du siècle, Châteaubriand a fait entendre les accents triomphants du *Génie du christianisme*, et ces accents ont partout trouvé des échos retentissants. Aujourd'hui les mille œuvres du catholicisme font éclore des merveilles de dévouements sans nombre, la gloire chrétienne n'a jamais été si manifeste. La presse catholique doit y puiser des motifs de joie et d'encouragement, et son concert facilitera beaucoup les succès de sa cause.

Tels sont les éléments de la matière électorale. Voici les moyens de les utiliser.

La situation respective des électeurs est la suivante :

Les républicains non sectaires voyant que les partis politiques menacent la République, secondent les sectaires qui la soutiennent à tout prix. Cette coalition forme une majorité inexpugnable. — La tactique pour dissoudre cette coalition est d'abord de démasquer les sectaires, — ensuite de déterminer les conservateurs à offrir leur concours aux républicains non sectaires ; — de déterminer ceux-ci à rompre avec les sectaires et à accepter le concours offert.

Cette tactique exige de créer une ligue entre les républicains non sectaires et les catholiques. Nous proposons la formation pour notre circonscription d'un comité de la ligue, séant à Versailles et ayant dans ses attributions :

Les élections législatives ;
Les élections au conseil général ;
Les élections au conseil d'arrondissement ;
Les élections municipales ;
Le pétitionnement ;
Le choix de ses candidats ; en se chargeant, autant que possible, des frais de candidature, en exigeant d'eux de verser leur traitement de député ;
Les renseignements sur les candidats opposés ;
La correspondance et les bulletins d'élection ;
Les écoles libres ;
Les institutions de charité ;

Le culte ;

Les journaux et publications favorables à la ligue ;

Les ressources pécuniaires.

Les adhérents à la ligue nommeront le comité, en bornant le nombre des membres dans la limite légale.

Nous espérons outre les adhésions publiques, les adhésions anonymes des personnes exposées à des moyens d'intimidation. Nous comptons sur la coopération du clergé et sur l'appui des femmes. Nous faisons la guerre sainte, et comme l'argent est le nerf de la guerre, les femmes et les infirmes peuvent efficacement contribuer à la guerre en y apportant leur obole.

Le clergé reçoit de l'État un mince budget qui est l'indemnité convenue pour compenser la confiscation de ses biens. S'il se mêlait ostensiblement dans la lutte, il s'exposerait à la suppression de son budget qui est si utile à l'exercice du culte ; le clergé doit donc s'abstenir de manifester son action. Mais il pénètre dans beaucoup de familles, il peut être surtout un utile auxiliaire pour déterminer les légitimistes à apporter à la ligue un concours en retour duquel ils retrouveront leur naturelle influence dans la politique, ainsi que pour éclairer les femmes.

Les femmes ne votent pas dans l'urne, mais elles peuvent, si elles le veulent, éclairer les votants. Quand on mettra sous leurs yeux la preuve des abominables conspirations qui se trament contre la famille — la preuve qu'on veut leur enlever la direction de leurs fils, et même de leurs filles, pour confier cette direction à des instituteurs et à des institutrices à la merci d'hommes sans foi ni loi, — la preuve qu'on veut soustraire leurs enfants à l'influence des traditions de respect qui font depuis des siècles l'honneur, la richesse et la force des familles, alors les femmes s'émouveront pour la défense du foyer menacé par des hordes immorales. Ces femmes, inspirées par Jeanne D'Arc et par sainte Geneviève, sauveront la France.

Nous désirons que les adhésions à la ligue soient les moins tardives possibles ; plus tôt les adhésions arriveront, plus tôt le comité sera préparé contre les surprises ; plus tôt il recueillera des ressources pécuniaires toujours lentes à venir ; plus tôt il travaillera aux conversions des électeurs contre leurs habitudes invétérées de sympathie ou de prévention ; plus tôt aussi l'attitude nouvelle des électeurs intimidera les auteurs de projets sinistres, plus tôt enfin, l'espérance de la cessation de l'oppression de notre patrie luira dans nos cœurs.

Palaiseau, 31 octobre 1881.

Gratien WEST.

ERRATUM

Pages 24 et 25 au lieu de :

... Ici s'arrêta la phase.... que l'état est plus grand.

Lisez :

La noblesse n'a pas toujours contribué à la phase glorieuse de la patrie. Certains nobles, sous prétexte de réforme religieuse, se jetèrent sur les biens du clergé comme à une curée, ils ensanglantèrent le pays ; plus tard à la cour de Louis XIV qui étalait l'adultère, et à celle de Louis XV qui avouait la débauche, certains nobles briguèrent une domesticité dorée ; plus tard certains nobles s'affilièrent follement aux conciliabules des pseudo-philosophes, clubs embryonnaires de ceux des jacobins de 1793 et de ceux des communards de 1871. Des nobles en bien plus grand nombre résistèrent à ce funeste entraînement, mais ils n'ont pas été soutenus par le pouvoir et ils ont été éclipsés par ceux qui étaient prônés par les écrivains novateurs. Bientôt tous les nobles furent traqués comme des bêtes fauves, dépouillés ou tués. En résumé, une aristocratie a existé chez tous les peuples, tantôt elle a été bienfaisante, tantôt malfaisante, mais toujours influente ; elle est entre les individus et l'Etat d'autant plus nécessaire que l'Etat est plus grand.

VERSAILLES. — IMP. CERF ET FILS, 59, RUE DUPLESSIS.

130